Ibrahim Adeshola

Mitigação dos factores de insucesso dos projectos de TI

Ibrahim Adeshola

Mitigação dos factores de insucesso dos projectos de TI

& Aplicação para calcular a probabilidade de risco e a competência do gestor de projeto

ScienciaScripts

Imprint

Cover image: www.ingimage.com

This book is a translation from the original published under ISBN 978-620-2-30441-2.

Publisher:
Sciencia Scripts
is a trademark of
Dodo Books Indian Ocean Ltd. and OmniScriptum S.R.L publishing group

120 High Road, East Finchley, London, N2 9ED, United Kingdom
Str. Armeneasca 28/1, office 1, Chisinau MD-2012, Republic of Moldova, Europe
Managing Directors: Ieva Konstantinova, Victoria Ursu
info@omniscriptum.com

Printed at: see last page
ISBN: 978-620-8-60746-3

DEDICAÇÃO

Este projeto é dedicado a Deus Todo-Poderoso, pela sua misericórdia, bênção abundante e graça suficiente sobre a minha vida e a minha família.

Índice

LISTA DE ABREVIATURAS

AEGM – Ad-Hoc Expert Group Meeting

CCTV – Close Circuit Television

GDP – Gross Domestic Product

IBM – International Business Machines

INEC - Independent National Electoral Commission

IT - Information Technology

ITP - Information Technology Project's

NGO – Non-Governmental Organization

PMBOK - Project Management Body of Knowledge

PM – Project Management

PMI – Project Management Institute

RIO – Return on Investment

UNIDO - United Nations Industrial Development Organization

WBS – Work Breakdown Structure

CAPÍTULO 1
1. INTRODUÇÃO

O significado do dicionário prova que o risco é a perda ou o ganho de algo que vale a pena. Ao longo das últimas décadas, muitas definições foram utilizadas para a gestão do risco de projectos de TI por diferentes gestores de projectos ou autores de diferentes orientações e perspectivas. A relação entre o risco e o projeto de TI é que o projeto de TI, de acordo com o Project Management Institute (PMBOK Guide and Standard, 2016), afirma que o projeto é um empreendimento não permanente que tem uma hora de início e uma hora de fim e que se destina a apresentar um produto ou serviço único dentro do orçamento, no momento adequado e deve ser normalizado.

A minha investigação centra-se nas razões gerais pelas quais os projectos falham na Nigéria e na forma de mitigar o risco com base na mudança de governo e no efeito da cultura nas técnicas de gestão de projectos numa sociedade multicultural como a Nigéria. Além disso, é desenvolvida uma aplicação com base no inquérito realizado nesta região para testar os conhecimentos do futuro gestor de projectos e calcular a probabilidade de risco se o gestor de projectos for designado para um projeto.

Os estudos baseiam-se no facto de mais de 60% dos projectos falharem numa sociedade multicultural como a Nigéria (Kulur, M. 2015), de acordo com a Organização das Nações Unidas para o Desenvolvimento Industrial (UNIDO, 2015), devido a uma miríade de problemas, como a falta de planeamento e iniciativa adequados, a falta de comunicação entre o projetista do projeto e o gestor do projeto (Kulur, M, 2015) e (Princess I, 2015) e a forma como as diferenças culturais desempenham um papel preponderante na implementação e execução eficazes dos projectos na Nigéria.

1.1 Importância do estudo

Nos últimos 16 anos, ou mais, que temos vindo a utilizar algumas das diretrizes populares de gestão de projectos, não há investigação ou qualquer estudo empírico centrado na atenuação dos factores de fracasso dos projectos de TI na Nigéria e na aplicação para calcular a probabilidade de risco e a competência do gestor de projectos. Apesar de existirem muitos tópicos ligeiramente relacionados, se acreditarmos que o sucesso deste projeto será muito útil para os sectores público e privado na Nigéria. Ambos os sectores enfrentam atualmente problemas na execução de um projeto de TI bem sucedido, mas é difícil agora saber quem realmente precisa mais dele.

1.2 Quadro concetual para projectos de TI na Nigéria

Na realidade, o aspeto mais importante de qualquer projeto é a parte que tem mais probabilidades de resultar em perdas em qualquer momento durante o projeto ou depois dele. Apesar do aumento das caraterísticas para determinar o êxito do projeto na fase inicial da gestão do projeto e da nova abordagem todos os dias, os factores que contribuem para o fracasso do projeto na Nigéria continuam a aumentar significativamente.

O quadro que se segue descreve a relação entre os projectos e a cultura e sugere que, se os conceitos de seleção do projeto forem filtrados por esta abordagem e totalmente adaptados na Nigéria, reduzirão definitivamente o insucesso do projeto, tal como ilustrado na Figura 1 (Adaptado e modificado de Anbari, 2003, pp. 17-18).

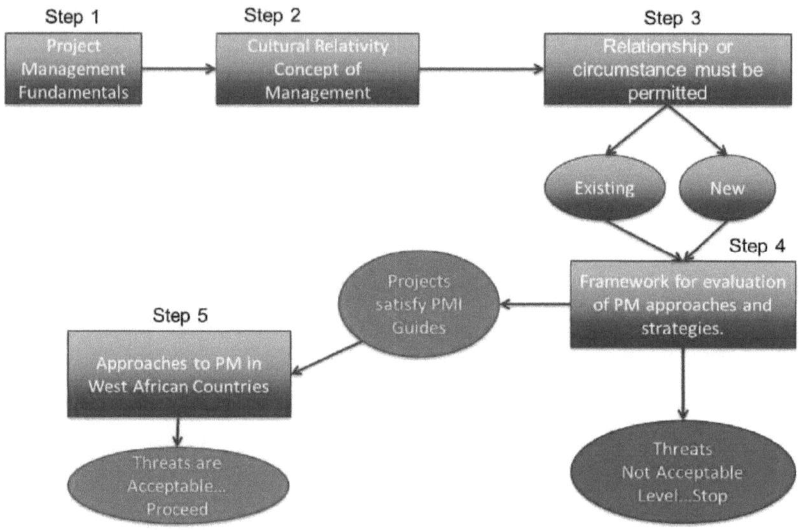

Figura 1: Quadro concetual do projeto de TI na Nigéria

Conforme indicado na figura 1, segue-se a explicação de cada entidade.

- Os fundamentos da gestão de projectos são processos para iniciar, planear e executar um projeto que cumpra os objectivos e satisfaça plenamente as partes interessadas.

- O relativismo cultural é um grande desafio para a possibilidade da ética, uma vez que todos acreditamos que o comportamento ético é sempre determinado pelo contexto cultural. Isto acontece na gestão de projectos de TI, em que uma pessoa é incumbida de uma tarefa que não lhe permite obter resultados positivos num projeto novo ou já existente.

- O quadro de avaliação das abordagens e estratégias de gestão empresarial centra-se no alinhamento e adequação estratégicos. Além disso, esta secção tem em conta as capacidades, prioridades e objectivos estratégicos das organizações.
- Abordagens à PM na Nigéria: Existem várias abordagens que dependem dos projectos e das organizações. A gestão convencional de projectos e a gestão ágil de projectos são as duas abordagens mais comuns que afirmam estar a ser utilizadas na Nigéria.

1.3 Método de investigação

Esta investigação inquiriu sobre o ambiente organizacional, as condições políticas e económicas, o esforço e as estratégias de gestão de projectos na Nigéria. As conclusões foram retiradas da análise dos actuais guias e normas de gestão de projectos em vigor na Nigéria, das alterações necessárias e da necessidade de aumentar a relevância e a aplicabilidade da gestão de projectos na África Ocidental e na Nigéria em particular.

Durante a investigação, surgiram várias questões, incluindo a necessidade obrigatória de lidar com as exigências comunitárias e políticas em matéria de recursos para executar um projeto, a mudança de governo, os problemas culturais e o facto de obrigar o gestor do projeto ou a empresa responsável a trabalhar com técnicas que não satisfazem as diretrizes do Instituto de Gestão de Projectos. A investigação foi realizada nos sectores privado e público da Nigéria e baseou-se estritamente em documentos e mensagens que continham decisões autorizadas transmitidas à empresa responsável pelos projectos de TI.

1.4 Objectivos da investigação

A ideia principal da investigação era apontar a razão por detrás dos factores de sucesso e fracasso do projeto, o efeito da cultura nas técnicas de gestão de projectos na Nigéria e a forma de mitigar o risco. Os objectivos específicos desta investigação não se limitam ao aspeto do risco, mas incluem

- Avaliação das técnicas e estratégias de gestão de projectos na Nigéria.
- Descobrir as melhores técnicas de gestão de projectos que se enquadram no contexto da Nigéria.
- Explorar os valores culturais e a forma de atenuar os riscos com base no efeito da cultura.

1.5 Objeto da investigação

O objetivo desta investigação é descobrir como a estrutura de gestão de projectos está a ser implementada na Nigéria e o risco que lhe está associado com base nas diferenças culturais e linguísticas.

O quadro do Project Management Body of Knowledge contém nove áreas de conhecimento e cinco grupos de processos. A minha investigação incide sobre algumas das áreas de conhecimento do PMBOK e que explicarei brevemente com base na forma como estas devem ser realizadas nos países da África Ocidental.

Figura 2: Nove áreas de conhecimento do PMBOK

(Guia e Norma PMBOK, 2016)

As nove áreas de conhecimento são o âmbito, o tempo, o custo, a qualidade, os recursos humanos, a integração, as comunicações, o aprovisionamento e o risco, conforme indicado na Figura 2.

1.5.1 Gestão dos custos do projeto

Este é o montante exato de dinheiro que deve ser utilizado para um projeto.

- Os projectos na Nigéria estão a receber mais dinheiro do que o necessário para um determinado projeto. Neste relatório, vou esclarecer para onde vai o dinheiro e as razões que o justificam.

1.5.2 Gestão da integração de projectos

Este processo exige que todos os aspectos dos projectos sejam devidamente coordenados e que os planos dos projectos não sejam manipulados e sejam devidamente programados desde o desenvolvimento até à execução.

- Quais são os cuidados necessários a ter na Nigéria durante a gestão da integração do projeto?

    - Sensibilidade ao género
    - Nível de conhecimentos dos gestores de projectos
    - Experiência anterior do Gestor de Projectos com referências a anos no terreno.
    - Nível de tribalismo das organizações
    - Efeito cultural e impacto no projeto
    - Como é que a organização se compadece com a vulnerabilidade entre eles.

Estes aspectos são muito importantes para uma integração adequada do projeto na Nigéria, a fim de obter um projeto bem sucedido.

1.5.3 Gestão da comunicação do projeto

Define-se como planeamento, monitorização, implementação e revisão sistemáticos de todos os canais de comunicação entre ou dentro de uma organização.

- Qual a eficácia do fluxo de informação na organização
- Impacto das ferramentas comunitárias ou de colaboração na gestão de projectos
- Quão tolerantes são as pessoas dentro das organizações.

1.5.4 Gestão de recursos humanos

- Nível de empenho e lealdade dos membros da equipa.
- A legislação laboral e a sua eficácia nas organizações.
- Impacto da segurança do emprego no pessoal

1.5.5 Gestão das aquisições do projeto

- Orientar-nos para a utilização eficaz dos recursos disponíveis.
- Formas de aquisição e como o projeto será eficaz.

1.5.6 Gestão de riscos do projeto

Os factores que contribuem para o fracasso dos projectos na Nigéria e os riscos associados a cada projeto, quer se trate de diferenças culturais entre os membros da equipa, de problemas políticos e de técnicas de gestão de projectos, serão discutidos neste relatório.

1.6 Resumo da metodologia utilizada

Foram adoptadas duas abordagens diferentes para realizar esta investigação, que são o método de investigação qualitativa e a abordagem de defesa/participação da investigação. O método de investigação qualitativa consiste em analisar, registar e tentar expor o significado mais profundo do comportamento, significado e experiência humanos, o que inclui comportamentos, emoções e crenças contraditórias. Enquanto a abordagem de advocacia ou participativa da investigação é por vezes descrita como emancipatória, o objetivo é desenvolver uma mudança positiva para os sujeitos da investigação. Este método de investigação envolve normalmente a participação de intervenientes importantes na gestão de projectos de TI, como gestores de projectos, membros da equipa e partes interessadas dos sectores público e privado na Nigéria. Os dados são recolhidos através de questionários semi-estruturados e entrevistas. Os inquiridos são selecionados cuidadosamente nesta investigação e foram utilizadas técnicas de amostragem de conveniência e intencional, a fim de obter informações únicas e ricas que ajudarão a investigação.

Na primeira secção desta investigação, foram realizados debates com pessoas-chave dos sectores público e privado no domínio da gestão de projectos e de riscos sobre as razões pelas quais os projectos fracassam na Nigéria. O principal objetivo era obter informações valiosas do pessoal-chave com conhecimentos práticos adequados em matéria de gestão de projectos e de riscos, de modo a reunir informações ou dados únicos e ricos para realizar a investigação de forma eficaz. Mais de 60 pessoas participaram nas discussões, através de chamadas telefónicas e skype.

Na segunda secção, foram recolhidas informações junto do pessoal sénior e júnior de organizações ou sectores privados e públicos sobre o efeito da cultura no seu trabalho e o impacto da cultura no fracasso do projeto. A Nigéria é o alvo desta investigação e foi efectuada nas zonas industriais do país. Na Nigéria, foi efectuada em Lagos, Port-Harcourt e Abuja, que são as cidades que possuem o maior número de trabalhadores na Nigéria. O sítio Web Survey Monkey foi utilizado para recolher dados e informações, tendo algumas das informações sido recolhidas através de entrevistas e conversas via Skype. Os dados e a informação recolhidos na Nigéria foram cuidadosamente analisados de modo a obter conclusões significativas. O objetivo da utilização do Survey Monkey é manter uma análise adequada entre as três cidades e o facto de não me encontrar atualmente no local para realizar um questionário em papel, que é o método tradicional, e o facto de as pessoas serem sempre rápidas a preencher o questionário em papel e o investigador poder não obter resultados agradáveis.

1.7 Limitações da investigação

A investigação limita-se às empresas de telecomunicações, ao desenvolvimento de produtos e serviços, ao comércio eletrónico, ao sector da saúde, aos serviços sociais e ao sector bancário nos sectores público e privado da Nigéria. A Nigéria é um país grande, composto por 36 estados e mais de 170 milhões de pessoas, e a investigação limita-se a 3 estados de um total de 36, o que é bastante reduzido. Foram adoptadas técnicas de amostragem propositada devido ao número limitado de fontes de dados primários que contribuíram para a investigação e aos elevados níveis de enviesamento e baixo nível de fiabilidade que são o efeito destas técnicas. Este facto limita a comparação do estudo com outros países desenvolvidos, como os Estados Unidos da América, porque os dados para a análise são bastante reduzidos e a comparação não será eficaz.

CAPÍTULO 2
2 A METODOLOGIA DE INVESTIGAÇÃO

2.1 Perfil dos sectores

A investigação abrangeu os sectores público e privado na Nigéria. Os principais sectores de gestão de projectos incluem:

- Empresas de telecomunicações
- Desenvolvimento de produtos e serviços
- Comércio eletrónico
- Setor da saúde
- Serviço Social
- Setor bancário

1.1.1 Setor público.

A África Ocidental, ou a África em geral, já não é o Continente Negro como foi rotulado no passado. Tendo em conta o ritmo a que a ciência e a tecnologia estão a melhorar, parece natural e a maioria acredita que a forma como as pessoas operam os negócios irá mudar, da mesma forma que a forma como realizamos os projectos em comparação com a forma tradicional de execução de projectos sem estrutura. Durante os últimos 3 lustros, os países africanos embarcaram na Técnica de Gestão de Projectos como guia para a maior parte dos projectos que são executados atualmente nos países da África Ocidental. No entanto, também embarcaram em programas de Reforma da Gestão do Setor Público liderados pela Reunião do Grupo de Peritos Ad-Hoc (AEGM), Conferência PMI África e isto ajudou realmente a esclarecer a maioria dos líderes africanos e pessoas-chave no governo. No entanto, apesar de todos os esforços desta organização e dos recursos afectados a estas reuniões, o sucesso continua a ser fraco nos países da África Ocidental. A corrupção, a falta de responsabilização, a ineficiência e a ineficácia das práticas de gestão de projectos e os problemas étnicos são os principais factores que têm prejudicado seriamente o desempenho destas reformas.

A fim de promover um melhor desempenho da gestão de projectos e reduzir o problema de implementação que os países africanos enfrentam no sector público, a Conferência Africana do Project Management Institute (Conferência Africana do PMI) realizou a sua primeira conferência em 2015 intitulada "Think Global, Think Africa, Think Project Management" em Joanesburgo, África do Sul, de 30 de agosto a 1 de setembro de 2015.

O objetivo desta conferência era reunir líderes, peritos e funcionários do sector público e profissionais da gestão de projectos, e demonstrar como projectos bem selecionados podem impulsionar a economia de África. Foi projetado que, até 2017, haverá um aumento de ligações de smartphones em África, até 334 milhões de ligações. Além disso, foi afirmado que haverá obstáculos omnipresentes que só os líderes e os profissionais podem resolver e a conferência proporciona uma plataforma para os líderes e os profissionais de gestão de projectos partilharem as melhores práticas, estabelecerem redes e desenvolverem os conhecimentos e a experiência existentes. No entanto, o objetivo do PMI era demonstrar a liderança do PMI e mostrar o melhor da gestão de projectos na comunidade profissional de África.

Infelizmente, a África continua a ficar para trás, apesar de toda a riqueza e riqueza, na competitividade global, de acordo com o Fórum Económico Mundial, Relatório sobre a Competitividade em África (PMI Africa Conference, 2015) do ano de 2015. É lamentável que um continente com os recursos naturais mais ricos continue a ficar para trás e a obter o menor retorno dos seus activos. A segunda Conferência PMI África terá lugar de 30 de agosto a 1 de setembro de 2016, com o título "2016 Economic Outlook for Businesses and Government across Africa look brisk and also bleak". A descrição diz que "a porta de entrada de África para a emancipação económica e o rápido desenvolvimento das infra-estruturas pode ser alcançada através da disciplina das práticas de gestão de projectos em todos os sectores". Aguardam com expetativa as pessoas-chave do sector, os parceiros de desenvolvimento, os empresários, os estrategas, os peritos em entrega de valor, as agências governamentais, o meio académico e muitos outros.

A única forma de África conseguir melhores resultados comerciais é adotar técnicas de gestão de projectos com disciplina.

1.1.2 Organizações privadas.

A Nigéria é selecionada como estudo de caso nesta secção porque é o país mais populoso de África, a maior economia e a maior produção de petróleo (exportação). O PIB da Nigéria é bastante forte nos últimos 12 anos porque o país é atraído como um local de interesse considerável para os investidores. Para além da mão de obra barata, os recursos naturais abundantes e o comércio isento de direitos com outros países que são membros da Comunidade Económica dos Estados da África Ocidental. A Nigéria acredita que as organizações privadas são um dos factores-chave para desenvolver o país e melhorar a economia.

Este sector tem tido bons resultados na Nigéria no que diz respeito à sua capacidade e eficiência para liderar o desenvolvimento e a gestão de projectos. No entanto, este sector continua a enfrentar problemas devido a impedimentos significativos, como a proteção inadequada da energia e dos direitos de propriedade intelectual, os elevados custos da energia, a corrupção generalizada e as infra-estruturas de transporte inadequadas, o ambiente regulamentar e jurídico inconsistente, o sistema judicial ineficaz e lento, o sistema de registo de propriedade ineficaz e a insegurança. O subdesenvolvimento do sector da energia na Nigéria continua a impedir o desenvolvimento económico do país e as organizações privadas estão a abandonar o país, o que reduz drasticamente o número de contribuintes.

1.1.3 Organizações não governamentais.

As organizações não governamentais são grupos sem fins lucrativos que se formam a nível internacional, nacional ou local. As organizações não-governamentais ONG podem ser de defesa, operacionais ou híbridas. Oferecem inúmeras vantagens que podem melhorar os serviços sociais e a promoção das necessidades sociais em colaboração com o governo, outras organizações privadas ou isoladamente.

As ONG na Nigéria estão a tentar ajustar os desequilíbrios entre as zonas urbanas e rurais em termos de civilização e desenvolvimento. Ao longo dos anos, foram implementadas várias iniciativas nos domínios da saúde, da agricultura, da educação e da investigação científica e tecnológica. No entanto, a defesa do desenvolvimento das mulheres é a sua principal preocupação, e este programa transformou algumas das comunidades da Nigéria, especialmente as das zonas rurais do país. No entanto, alguns políticos estão a usar isto como uma oportunidade para adquirir riqueza, obtendo fundos de organizações empresariais internacionais para os utilizar em prol dos necessitados e das sociedades, mas 90% desses fundos vão para a sua carteira.

Foram levantadas muitas questões sobre este assunto e o número crescente de casos nos últimos tempos é uma grande preocupação para os nigerianos. São angariados fundos para um projeto e este fracassa durante a execução, cujas causas ainda são desconhecidas para muitos nigerianos.

2.2 Gestão de projectos e cultura.

Neste relatório, serão abordadas duas culturas diferentes: a cultura organizacional, que é estabelecida e definida pela organização, e uma cultura tradicional de doutrinação, que é constituída por costumes e tradições transmitidos de geração em geração.

2.2.1 Cultura organizacional

A cultura organizacional pode ser definida como crenças, conjunto de regras e normas comportamentais que determinam a forma como os membros da equipa da organização operam e realizam o trabalho. Os factores utilizados para significar ou definir a cultura da organização baseiam-se no enquadramento, como o âmbito em que a cultura ajuda a unificação produtiva inter-equipas dos membros no resto da organização e a magnitude em que ajuda o trabalho de equipa da organização. A cultura da organização tem um enorme efeito na taxa de sucesso da gestão de projectos. A cultura da organização ou da sociedade tem muito a ver com a taxa de sucesso dos projectos da empresa.

2.2.2 Cultura nacional

Geert Hofstede sobre a forma como a desejabilidade no local de trabalho é afetada pela cultura. A cultura foi apontada como "a programação colectiva da mente que diferencia os associados de um grupo ou conjunto de pessoas dos outros" (Geert

Hofstede Cultures and Organizations, 2010).

Geert Hofstede examinou uma enorme base de dados de resultados sobre o valor dos trabalhadores acumulados na International Business Machines (IBM) entre 1967 e 1973. Mais de 73 países foram abrangidos pelos dados que analisou, gestores da função pública em 14 países, pilotos de linhas aéreas comerciais e estudantes em 23 países, elites em 19 países e consumidores de topo em 15 países são os grupos de inquiridos incluídos nestes dados.

O autor apresenta seis dimensões distintas para a cultura nacional, que são o poder, a distância, o individualismo, a masculinidade, a evitação da incerteza, a orientação a longo prazo e a indulgência. As dimensões culturais indicam o desejo individualista de um determinado estado de coisas em detrimento de outro, o que diferencia os países uns dos outros. Os resultados dos países nas dimensões são relativos, uma vez que todos nós somos humanos e, ao mesmo tempo, únicos. A cultura só pode ser utilizada de forma relevante por comparação.

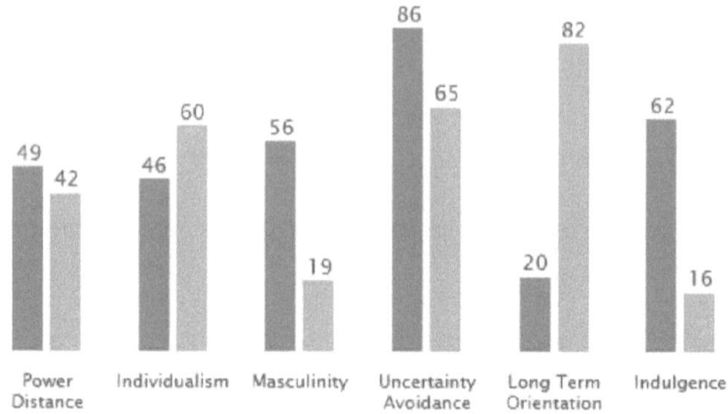

Figura 3: Seis dimensões da cultura nacional

Fonte: Teoria das Dimensões Culturais de Geert Hofstede

Tal como ilustrado na Figura 3, apresentam-se de seguida as explicações de cada bloco:

Distância do poder: esta dimensão revela o nível em que os associados menos poderosos de um sindicato acreditam e aceitam que o poder é distribuído de forma desigual. O problema básico aqui é a forma como uma sociedade gere o desequilíbrio entre as pessoas. Habitar em sociedades que manifestam um enorme grau de Distância de Poder concorda com uma estrutura hierárquica em que todos têm um lugar e que não requer qualquer justificação adicional. Neste tipo de ambientes com baixa Distância de Poder, as pessoas tentam nivelar a disseminação do poder e pedem uma justificação para o desequilíbrio de poder.

Individualismo vs. Coletivismo: Nesta dimensão, os indivíduos são responsáveis apenas por si próprios e pelas suas famílias recentes. Enquanto o coletivismo representa uma estrutura de laços fortes numa sociedade em que se espera que os indivíduos cuidem dos seus familiares ou amigos em troca de uma homenagem inquestionável.

Masculinidade vs. Feminilidade: esta é a terceira dimensão da Cultura Nacional; a masculinidade representa na sociedade um desejo de aquisição, de assertividade, de bravura e de prémio de substância para o sucesso, enquanto a feminilidade representa uma inclinação para a concordância, a humildade, a bondade para com os delicados e a qualidade de vida. A sociedade em geral é implacável e orientada para a concórdia.

Evitar a incerteza: mede o grau de incerteza e ambiguidade entre as pessoas na sociedade. Os problemas básicos aqui são a forma como uma sociedade funciona com a certeza de que o futuro nunca pode ser previsto ou conhecido. Num ambiente em que a aversão à incerteza é fraca, as pessoas tendem a sentir-se seguras e, por outro lado, num ambiente em que a aversão à incerteza é forte, as pessoas tentam tanto quanto possível criar segurança e evitar o risco.

Orientação a longo prazo vs. orientação a curto prazo: Faz parte de nós que, independentemente do que estamos a fazer atualmente e para onde vamos, precisamos de manter algumas ligações com o nosso próprio passado enquanto lidamos com os desafios do presente e do futuro. Esta dimensão é aliada à dimensão normativa vs pragmática. As sociedades com uma dimensão baixa preferem conservar tradições e normas honradas pelo tempo, ao mesmo tempo que prestam atenção à mudança social com noção. Por outro lado, as sociedades que obtêm resultados elevados nesta dimensão adoptam uma abordagem a mais longo prazo e aumentam a prudência e os esforços na educação atual, a fim de os preparar para o futuro.

Indulgência vs. Não-indulgência: A indulgência representa uma sociedade que permite a indulgência comparativamente complementar de movimentos humanos fundamentais e naturais relacionados com o gozo da vida e o prazer.

2.2.3 Efeito da cultura organizacional

É um cliché dizer que duas empresas estão a utilizar técnicas e práticas de gestão de projectos indistinguíveis e que a composição que utilizam determinará a extensão da vitória com elas. É evidente que há mais coisas a fazer para que um projeto seja bem sucedido do que técnicas de gestão de projectos. Independentemente disso, a maior parte dos estudos sobre os resultados positivos de um projeto concentram-se mais no nível do projeto ou operacional, no grau de participação dos utilizadores, na utilização ou não de uma metodologia legal e na fiabilidade da

estimativas. Por mais essenciais que sejam estas caraterísticas, elas não aceitam que os projectos permaneçam e progridam num amplo território que contém a organização subvencionadora.

Os trabalhadores felizes são conhecidos por serem trabalhadores produtivos e esta é a importância da cultura organizacional. Toda a gente quer fazer algo produtivo, gostar de trabalhar e de estar numa relação com algo relevante que acrescente à sua experiência e a torne mais fértil. Uma organização vigorosa ancorar-se-á no domínio criado para os trabalhadores, porque isso irá impulsionar e motivar os trabalhadores a serem mais coerentes e mais produtivos. Uma boa cultura organizacional vai levar os trabalhadores a empenharem-se no sucesso da organização e mostrar-lhes que são muito importantes para a empresa, o que os fará acreditar que fazem verdadeiramente parte da organização (O.I, B.W The effect of Organizational Culture).

De seguida, destacam-se cinco razões importantes para criar uma cultura organizacional positiva:

1. Uma cultura organizacional forte produz vitalidade e dinamismo. Se isto puder ser conseguido, dará um impulso à organização e ajudará a permitir que os trabalhadores se sintam honrados e comuniquem livremente uns com os outros.
2. O entusiasmo e o poder vão surgir e acabar por ter um impacto útil que influencia todas as partes da organização.
3. Pessoas altamente talentosas serão atraídas por uma cultura organizacional

forte. As pessoas competentes e altamente talentosas que entram nas empresas querem trabalhar em organizações que ofereçam oportunidades de crescimento e de demonstração dos seus talentos. Estas pessoas preferirão fortemente as organizações onde a sua cultura é mais funcional e positiva e onde os trabalhadores estão unidos no seu objetivo de tornar a empresa superior.

4. Uma cultura organizacional bem construída ajudará os trabalhadores altamente talentosos se eles adorarem o trabalho que estão a fazer e se sentirem associados valiosos da empresa e não quiserem de forma alguma juntar-se a outra organização. Uma cultura organizacional bem construída não só recrutará talentos de alto nível como também os ajudará mais tarde.
5. Uma cultura organizacional bem construída e pragmática ajudará todos os trabalhadores a serem mais bem organizados e bem-sucedidos.
6. Uma cultura organizacional bem construída e pragmática deve alterar o ponto de vista do empregado sobre o trabalho, porque a maioria dos trabalhadores acredita que o trabalho é stressante, aborrecido e agravante. Os trabalhadores não devem pensar que o local de trabalho é um sítio onde têm de ir, uma cultura forte deve ser capaz de fazer com que os trabalhadores tenham vontade de trabalhar e tenham paixão pelo que estão a fazer.

2.2.4 Doutrinação Cultura tradicional

A cultura de doutrinação pode ser definida como a cultura em que nascemos ou a que observamos na nossa sociedade e pela qual somos influenciados. De forma que poderia ser um ensinamento que se aceita sem questionar os tutores. É muito difícil libertar-se desta cultura e, se necessário, sair dela

Para isso, precisamos de fazer parte de outra cultura, mas é praticamente impossível libertarmo-nos da cultura original.

2.2.5 Reflexões sobre o género

Está provado universalmente que o recrutamento de pessoal feminino no terreno é provavelmente o único ponto de vista mais essencial para decidir a capacidade de introduzir benefícios femininos nos projectos nos países da África Ocidental. Como todos sabemos, na vida real, o projeto não espera por ninguém, nós é que procuramos o projeto e a maioria das empresas tem quotas para recrutar mulheres como membros do pessoal, a fim de ganhar mais projectos para as empresas. Isto está claramente explicitado nas cartas de projeto. Este tipo de modelos restringe-se a constituintes femininos distintos em países onde são realmente necessários devido à interação social e às normas culturais. A comunicação extra-familiar entre mulheres e homens também pode causar os habitats mais difíceis para empregar mulheres. O ponto de vista geral inclui problemas de comunicação com os membros masculinos da equipa e limitações nas estadias nocturnas para trabalhar. A investigação demonstrou que a contratação de um cientista social qualificado ou de um conselheiro para as questões de género numa equipa de gestão de projectos pode ser fundamental para garantir a sensibilidade do projeto às questões de género durante a fase de execução.

No entanto, nos países da África Ocidental, especialmente na Nigéria, onde os estados socioculturais dificultam o emprego de mulheres porque a insuficiência de mulheres profissionais em áreas de gestão produz condições adversas para a aplicação de programas convencionais de género. O líder da equipa e os membros precisam de ter uma portaria reflectida na sua expressão de referência para convencionar as questões de género no seu distrito e nas fases gerais de conceção do projeto. Isto irá melhorar a convenção de género na implementação do projeto. As mulheres desempenham um papel importante na procura de contratos, e ter mulheres como consultoras em qualquer equipa de projeto de TI aumenta a probabilidade de obter contratos de mulheres rurais e de outras empresas.

2.3 Inspeção da investigação

Nesta secção, discutirei a forma como os dados recolhidos foram cuidadosamente analisados e o aspeto que está relacionado com a gestão de projectos será o meu principal foco.

2.3.1 As organizações investigadas

No final da recolha e da análise dos dados, dos 189 justificáveis

Entre os inquiridos, 98 (51,8%) pertencem a organizações privadas, 63 (33,3%) são funcionários públicos que pertencem a organizações públicas e 28 (14,8%) pessoas pertencem a organizações não governamentais, como se pode ver na Figura 4. Os resultados obtidos incluem pessoas dos sectores da banca, telecomunicações, produtos e serviços, comércio eletrónico, saúde e serviços sociais.

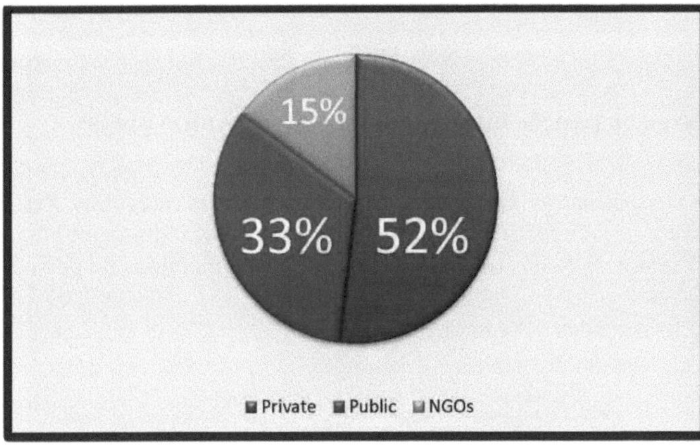

52% Private, 33% Public and 15% NGO's.

Figura 4: Gráfico das Organizações Investigadas

2.3.2 Inquiridos Género

2.3.3 Devido à crescente sensibilização para a igualdade entre homens e mulheres no mundo, as questões de género são muito importantes na Gestão de Projectos em qualquer país em desenvolvimento, especialmente na Nigéria, no caso desta investigação.

De acordo com os dados recolhidos, após a análise, apercebi-me de que 119 (62,9%) são homens e 70 (37,0%) são mulheres, o que é realmente magnífico. Ainda há mais energia para colocar nesta questão, a fim de estabilizar as escalas de possuir mais mulheres nos projectos. Penso que ter mais mulheres na equipa de gestão de projectos lhes daria a oportunidade de desempenhar mais papéis no projeto e também de dissolver a perceção em relação às mulheres nos países da África Ocidental e na Nigéria em particular.

2.3.4 Cargo ou posição hierárquica das pessoas entrevistadas

Todas as pessoas entrevistadas estão divididas em duas categorias: Pessoal júnior e pessoal sénior. 69% das pessoas entrevistadas são membros do pessoal sénior, enquanto os restantes 31% são pessoal júnior.

2.3.5 Anos passados até à data na organização

O conhecimento tácito e a experiência são muito importantes na gestão de projectos. E é considerado como um dos principais componentes da investigação. Os anos de experiência dos entrevistados variavam entre 1 e 35 anos. Descobriu-se que a minoria destas pessoas não tinha experiência ou não sabia o que significa realmente a gestão de projectos. O gestor de projectos mais experiente só tinha estado envolvido em cerca de cento e vinte projectos nos últimos 10 anos, de acordo com o relatório recolhido.

2.3.6 Grau de sucesso académico

A certificação é um dos reconhecimentos mais internacionais para examinar o potencial e a competência de uma pessoa para controlar eficazmente projectos notáveis ou importantes. Uma pessoa que participa numa certificação permite-lhe melhorar o seu conhecimento consciente dos seus próprios desejos, refletir e assimilar a sua experiência. A certificação avalia a capacidade de um indivíduo em gerir um projeto ou projectos. A proficiência é a capacidade de adquirir e aplicar os conhecimentos e competências tácitos e explícitos num contexto adequado. Considero que, na gestão de projectos, a certificação deve ser uma demonstração de proficiência e de potencial para realizar um projeto bem sucedido, não devendo ser um teste de conhecimentos académicos ou de realização.

Os resultados académicos ou os conhecimentos devem ser examinados a um nível inferior antes da execução ou durante a análise de um projeto.

Uma avaliação crítica da formação académica dos entrevistados é muito importante para esta investigação, a fim de determinar a credibilidade das informações fornecidas por eles. Isto ajudou-me realmente a avaliar a capacidade do discreto para produzir informação suficiente em relação à informação que era importante no que diz respeito ao estudo .

As formações académicas dos entrevistados são categorizadas em grau de doutoramento,

Mestrado, Bacharelato, Diploma (Ordinário Nacional e Superior)

Diploma Nacional), Certificação Profissional e titulares do nível A. Ver Figura 5.

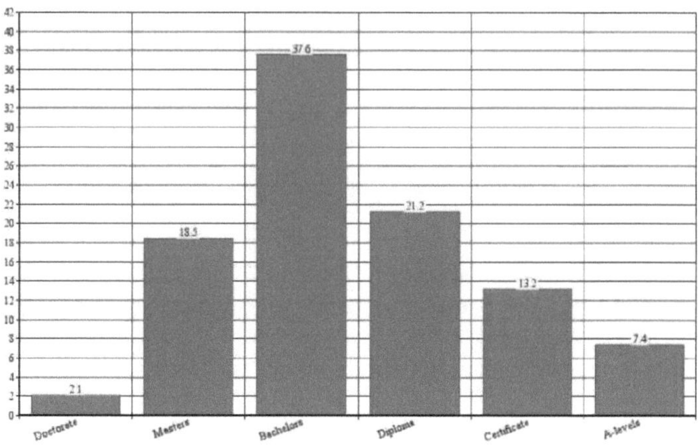

Figura 5: Inquiridos 2.3.5 - Gráfico do grau de sucesso académico para a análise do inquérito a 189 nigerianos

Após a análise, verificou-se que 4 indivíduos (2,1%) são titulares de doutoramento, 35 indivíduos (18,5%) são titulares de mestrado, 71 indivíduos (37,6%) são titulares de bacharelato. 40 indivíduos (21,2%) são titulares de diplomas (Higher National e Ordinary National Diploma), apenas 25 indivíduos (13,2%) são titulares de certificados, enquanto 14 indivíduos (7,4%) são titulares de certificados A-Level, como se pode ver na Figura 5. Este resultado permite inferir que a maioria dos gestores de projeto examinados para este estudo possui qualificações e habilitações adequadas para dar uma resposta sensata às perguntas que lhes foram colocadas.

2.3.7 Formação académica dos entrevistados relacionada com o projeto Gestão

Um destes temas de investigação é a análise da formação académica dos entrevistados em relação à gestão de projectos. Descobriu-se que 73% dos entrevistados não tinham conhecimentos práticos ou académicos sobre as técnicas do Project Management Institute, mas 70% deles praticam-nas, enquanto 27% tinham conhecimentos em Gestão de Projectos.

2.3.8 Nível de formação académica dos entrevistados em relação ao projeto Gestão.

A análise da investigação revela que apenas 15% dos entrevistados tiveram um curso de curta duração em gestão de projectos, 3% são profissionais de gestão de projectos certificados e com um elevado nível de experiência, 9% aprenderam sobre gestão de projectos em seminários que frequentaram, 3% não tinham qualquer conhecimento de gestão de projectos, enquanto os restantes 70% a praticam sem qualquer certificação de gestão de projectos.

CAPÍTULO 3

3 ANÁLISE DO PROJECTO

O que é um projeto bem sucedido? Esta foi uma das perguntas que fiz aos entrevistados durante a entrevista, a fim de conhecer a sua opinião sobre o verdadeiro significado de um projeto bem sucedido. Houve muitas respostas que distinguiram os diferentes pontos de vista das respostas à pergunta efectuada. Alguns descreveram um projeto bem sucedido como um projeto que contém as seguintes partes

- Quando a qualidade do projeto é garantida.
- Quando os objectivos do projeto são alcançados com o orçamento especificado.
- Quando a tarefa realizada está de acordo com a satisfação do cliente ou não há qualquer reclamação por parte do cliente.
- Quando os objectivos do projeto tiverem sido alcançados dentro do prazo estipulado.
- Quando existe financiamento suficiente para concluir a tarefa.

Após uma análise cuidadosa das respostas dos entrevistados, o resultado foi a satisfação do cliente, o tempo e a qualidade, tal como mencionado no livro de conhecimentos de gestão de projectos (PMBOK). De acordo com o entrevistado, estes três aspectos são os factores mais importantes para determinar o êxito de um projeto. Foram colocadas mais perguntas para descobrir os elementos mais importantes para que um projeto seja considerado bem sucedido, o que suscitou diversas respostas, como se indica a seguir:

- Disponibilidade de fundos suficientes
- Bons membros da equipa com elevado nível de experiência e
- Boa comunicação entre os membros da equipa

As respostas dos entrevistados que tiveram essa experiência sobre os fracassos dos projectos e os factores que os provocaram são as seguintes

- Planeamento inadequado
- Fundos insuficientes
- Membro da equipa inadequado
- Atrasos na obtenção de fundos
- Pedido de recursos do projeto por parte das pessoas no controlo.
- Falta de apoio da Direção
- Pouco empenhamento devido a fundos insuficientes
- Falta de conhecimentos técnicos e de gestão
- Incapacidade de efetuar a devida diligência.

3.1 Nigéria Projectos em dificuldade

3.1.1 Sistema Nacional de Comunicação de Segurança Pública

O Sistema Nacional de Comunicação de Segurança Pública, também conhecido como Projeto de Circuito Fechado de Televisão (CCTV) na Nigéria, foi iniciado pelo falecido Presidente da Nigéria, Umaru Musa Yar'Adua. Este projeto foi iniciado para ajudar as agências de segurança da Nigéria no Território da Capital Federal, Abuja, e em Lagos a monitorizar a insegurança que se instalou em Lagos e Abuja. Este contrato foi adjudicado no ano de 2010 a um fornecedor chinês chamado ZTE Corporation pelo montante de 470 milhões de dólares ($470.000.000). Para financiar o projeto, o Governo da Nigéria pagou uma primeira prestação de 70 milhões de dólares (70 000 000 USD) (Adepetun A. 2016), (Gbadebo B, 2016), o que corresponde a 15% do orçamento, enquanto o Exim Bank da China emitiu o saldo de 399,5 milhões de dólares (395 000 000 USD) como empréstimo a ser reembolsado com juros de 3% ao ano durante um período de uma década. De acordo com o relatório, a instalação de câmaras CCTV é apenas uma parte fundamental de todo o projeto, que inclui 37 sistemas de resposta a emergências por coligação, 1 000 câmaras digitais alimentadas a energia solar para Lagos e Abuja, 37 salas de comutação e espinha dorsal de micro-ondas, 38 subsistemas de videoconferência, 6 veículos de comunicação de emergência, 37 sistemas de polícia eletrónica e 1,5 milhões de linhas telefónicas para os assinantes gerarem receitas.

O projeto teve início em agosto de 2010 e a sua conclusão estava prevista para maio de 2011; infelizmente, o projeto foi totalmente concluído em 30 de janeiro de 2016, como noticiado pelo jornal nigeriano "**The Nation**".

As questões que agitam as mentes nigerianas são:

- Porque é que o projeto falha?
- Porque é que não é concluído a tempo?
- O projeto foi executado de acordo com as normas?

3.1.2 Razões para o fracasso do projeto do Sistema Nacional de Comunicação de Segurança Pública.

- O projeto foi aprovado sem a realização de diligências adequadas relativamente à empresa
- O projeto foi adjudicado com base na relação cultural entre o representante da empresa na Nigéria e o falecido Presidente Umar Musa Yar'Adua.
- Mudança de governo
- Atrasos na obtenção de fundos
- Pessoas gananciosas não reveladas que se alimentam dos fundos do projeto
- Falta de empenhamento do Governo no projeto
- Corrupção

3.1.3 Impacto do risco

O projeto CCTV foi implementado para ajudar as agências de segurança da Nigéria a controlar o bombardeamento terrorista no país e a proteger a população do país de qualquer evento maléfico que possa ocorrer no futuro.

No entanto, este projeto fracassou devido à sua incapacidade de satisfazer a procura do país. No dia 1 de outubro de 2010, dia da independência da Nigéria, houve uma explosão de uma bomba nesse mesmo dia. A 16 de junho de 2011, outra explosão de bomba na sede da Polícia da Nigéria e, a 26 de agosto de 2011, outra na sede das Nações Unidas. O projeto de CCTV, no qual o Governo da Nigéria gastou uma enorme quantia de dinheiro, não foi utilizado eficazmente para travar a criminalidade.

Trata-se simplesmente de uma questão de gestão da integridade; o que aconteceu realmente ao projeto de CCTV e porque é que o projeto falha. De acordo com o livro de conhecimentos sobre gestão de projectos, um projeto falha não quando o resultado do projeto se recusa a satisfazer as partes interessadas e o utilizador final, mas quando o projeto não é concluído dentro do prazo, do orçamento e do âmbito estipulados.

3.1.4 Projeto de Cartões de Eleitor Permanentes da Nigéria

O projeto dos Cartões de Eleitor Permanentes da Comissão Eleitoral Nacional Independente (INEC) é outro projeto de grande envergadura que falhou drasticamente na Nigéria. O projeto foi adjudicado a uma empresa de impressão autóctone (Art Technology Limited) na Nigéria, com um parceiro técnico em França. O projeto custou 2,6 mil milhões de nairas, o que equivale a 16 456 600 milhões de dólares em 4 de abril de 2012 (Gabriel C, 2014).

3.1.5 Âmbito do projeto

Antes de a empresa poder começar a trabalhar no projeto, o Governo nigeriano começou por pedir uma amostra do cartão. A amostra do projeto foi criada e o projeto foi finalmente aprovado. A fase seguinte do projeto é a produção dos cartões e, após alguns meses, a empresa deverá começar a distribuir os cartões aos cidadãos em substituição dos antigos cartões de eleitor. É suposto a empresa produzir 73,5 milhões de cartões de eleitor entre 2012 e 2014.

Amount to be Produced	Distribution Date	Project Phases
40 Million	December 2011	1
33.5 Million	June 2012	2

Quadro 1: Âmbito do projeto

O projeto, que deveria estar totalmente concluído em junho de 2012, foi prolongado até novembro de 2014. Foi acrescentada mais uma fase ao projeto, mas, devido a atrasos e a um orçamento insuficiente para o projeto, este acabou por falhar na Fase 3. O Governo do Estado declarou feriado público de 7 a 9 de novembro de 2014 para a distribuição dos restantes cartões de eleitor, mas a empresa não distribui os cartões no dia em que as pessoas foram dispensadas do seu trabalho diário. Esta é, de facto, uma demonstração do fracasso do projeto.

3.1.6 Planeamento e conceção do projeto

Em qualquer projeto, o planeamento é a coisa mais importante que deve ser feita cuidadosamente. Um planeamento adequado requer criatividade, planeamento cuidadoso e inovação. De acordo com a gestão de projectos, cada projeto é único e exige uma abordagem única para a sua gestão e capacidade de adaptação às mudanças dos gestores de projectos, clientes e partes interessadas. O plano de gestão chave deve ser criado de forma a garantir o controlo durante a execução do projeto.

Os entrevistados são questionados sobre a eficácia da conceção do projeto e do planeamento, a fim de obter uma melhor explicação para o fracasso do projeto. Além disso, foi-lhes pedido em que especificassem o âmbito da participação dos representantes do Governo da Nigéria na conceção e no planeamento do projeto. As pessoas que estão envolvidas no projeto

Os participantes na conceção e no planeamento do projeto apresentaram uma razão para o fracasso do projeto, razões para o não envolvimento como política da organização e que a conceção e o planeamento do projeto não tinham nada a ver com os representantes do governo. Outros também mencionaram que não podem envolver os representantes do governo nos desafios que enfrentam, o que não é mencionado devido à limitação de tempo na execução deste projeto.

No final da entrevista, descobri que a falta de partes interessadas (representantes do

Governo da Nigéria) é uma das causas do fracasso do projeto.

3.1.7 Objetivo do projeto Realização

Durante a entrevista, foi perguntado se o projeto deveria fornecer produtos intangíveis ou tangíveis e se o objetivo do projeto foi executado e alcançado como prometido pelo governo. 95% dos inquiridos afirmaram que os objectivos do projeto foram alcançados e 5% insistiram que os objectivos não foram alcançados devido às seguintes razões

- Falta de profissionalismo
- Atraso de fundos / Fundos inadequados
- Falta de empenhamento
- Falta de comunicação entre a parte interessada e a organização.

3.2 Razões pelas quais o projeto adjudicado a uma empresa indígena fracassou

Por isso, muitos nigerianos pensam que tudo se resume a projectos e não a outra coisa. Em resumo, os seguintes factores revelam a causa dos fracassos dos projectos na Nigéria.

3.2.1 Problema da estrutura institucional

A Conferência de Gestão de Projectos da Nigéria recomendou publicamente a adoção de técnicas de gestão de projectos normalizadas a nível internacional nos projectos nigerianos, mas até à data não foram adoptadas em nenhum projeto. Os ministérios e agências nigerianos não são os organismos adequados para controlar ou garantir o êxito dos projectos na Nigéria.

A primeira prioridade do governo deveria ser a realização de projectos comunitários para satisfazer as necessidades das pessoas. O nigeriano médio preocupa-se com os resultados dos esforços do governo indicados nos tangíveis e nos dividendos da democracia. Quase 70% dos nigerianos não se preocupam com a política no governo nigeriano, mas sim com o que o governo vai fazer e com os resultados. É visível que os ministérios, departamentos e instrumentos governamentais têm pouca compreensão das Técnicas de Gestão de Projectos.

3.2.2 Pouco investimento na inspeção de casos de negócios

Na Nigéria, os projectos são realizados porque alguém no governo pensa que é necessário fazer alguma coisa ou tem uma ideia que ninguém questionará e, por isso, faz lobby para obter fundos do governo para este tipo de projeto. É muito importante questionar cada projeto proposto para uma justificação empresarial desde o início, durante a concetualização.

Para resolver este tipo de problemas, o governo deve ter sempre uma opção sobre o projeto em que investir, porque uma análise inadequada faz muitas vezes com que o governo invista num projeto errado com objectivos comerciais e retorno do investimento (RIO) muito baixos. Além disso, o órgão de gestão de topo da administração pública deve criar uma equipa de confiança que justifique um projeto antes da sua aprovação.

3.2.3 Problema de aquisição do projeto

A maioria dos projectos de capital na Nigéria é subcontratada a empresas externas e, na maior parte das vezes, estas não cumprem as expectativas expressas pelos funcionários públicos. De acordo com os inquiridos, é visível que o governo nigeriano não possui as competências e os conhecimentos necessários para realizar e gerir qualquer projeto. A maior parte dos projectos são complexos e é necessário o envolvimento de especialistas para que o projeto seja bem sucedido,

O Project Management Body of Knowledge (PMBOK) permite um conhecimento detalhado e tácito a este respeito.

A principal razão pela qual a Gestão de Projectos é estudada é para salvaguardar os nossos projectos do fracasso e para mitigar os riscos previstos que possam ocorrer. A adoção da Gestão de Aquisições do Projeto ajuda-nos a reduzir o desperdício. A gestão das aquisições do projeto ajuda o gestor do projeto e os membros da equipa a tomar uma decisão e orienta-os para uma utilização eficiente dos recursos disponíveis. No entanto, a principal razão pela qual os projectos fracassam na Nigéria é a incapacidade do funcionário governamental de separar os jogos do Deus Político - Pai das exigências profissionais dos projectos.

3.2.4 Equipa de projeto

A seleção da equipa de projeto é um dos aspectos mais importantes da gestão de projectos. Selecionar uma equipa significa reduzir as comiserações e eliminar as questões de amizade, a fim de selecionar os membros certos para o projeto. E é a situação mais entediante de lidar, principalmente numa federação multicultural como a Nigéria. Estabelecer uma equipa significa discutir, falar, responder e perguntar, trabalhar mais do que o habitual e estar disponível para o brainstorming, pedir opiniões e ouvir, considerar e seguir as manifestações obtidas, motivar os membros da equipa no momento oportuno e manter o moral o mais elevado possível.

O êxito de qualquer projeto depende estritamente de todos os membros da equipa e o gestor do projeto coroa os seus esforços, orientando-os ao longo das fases do projeto. No que diz respeito à equipa do projeto, foi dada importância aos seguintes aspectos: A formação da equipa, a competência profissional da equipa, o seu nível de responsabilidade, os desafios que enfrentou, as caraterísticas que explicam o fracasso ou o sucesso do projeto, o nível de envolvimento dos membros da equipa na fase de planeamento e conceção e o nível a que o projeto está a ser monitorizado.

3.2.4.1 Formação da equipa

Os critérios de seleção são realizados nesta secção, uma análise sobre se os membros da equipa são qualificados e competentes para os diversos projectos em que estão envolvidos ou não e se a formação da equipa está em conformidade com as regras da organização ou do estado do projeto.

3.2.4.2 Competência do chefe de equipa

As questões de liderança na gestão de projectos são também uma preocupação importante para esta investigação. Para ser mais específico, a competência profissional do gestor de projectos foi acedida nesta investigação. 58% dos inquiridos afirmaram que os gestores de projectos autóctones são bastante competentes, 10% são gestores de projectos, enquanto 16% consideram que os seus gestores são medianamente competentes e 16% afirmam que os seus gestores não são de todo competentes.

3.2.4.3 Nível de responsabilidade

Os inquiridos foram questionados sobre o nível de responsabilidade dos membros da equipa e dos líderes, a fim de avaliar cuidadosamente esta questão; por exemplo, se a equipa for responsável pela responsabilidade final, o grau de empenho no projeto será muito elevado por parte dos membros da equipa. 89% dos entrevistados declararam que a sua equipa era a principal responsável pelo fracasso ou sucesso do projeto e 21% declararam que não tinham qualquer responsabilidade nos factores de sucesso ou fracasso do projeto.

3.2.4.4 Desafios experimentados

Os entrevistados foram questionados sobre os desafios enfrentados durante a fase de execução do projeto, a fim de obter alguns factos sobre os principais obstáculos com que os gestores de projectos se deparam no seu trabalho, que podem mais tarde resultar no fracasso do projeto. Foram mencionadas várias razões, tais como documentação inadequada, fundos insuficientes e políticas governamentais como principais factores.

3.2.4.5 Nível de influência no projeto

O nível de influência na gestão do projeto também foi tido em consideração nesta investigação, uma vez que pode impedir o êxito do projeto ou contribuir para o mesmo. Numa situação em que a gestão de topo está realmente interessada no projeto, isso será agradável para o êxito do projeto. O outro aspeto é que a direção pode exercer uma influência desordenada no projeto, o que torna o gestor do projeto menos autoconfiante para decidir por si próprio. 56% dos inquiridos afirmaram que a influência da gestão de topo (Diretor-Geral ou Diretor-Geral Executivo) era extremamente elevada, 36% afirmaram que o nível de influência dos seus gestores era elevado, 4% afirmaram que o nível era baixo e 4% afirmaram que não havia qualquer nível de influência.

3.2.4.6 Caraterísticas que contribuíram para o insucesso do projeto

A fim de determinar o grau de controlo da equipa sobre as caraterísticas que contribuem ou conduzem ao fracasso do projeto, foi perguntado aos inquiridos se essas caraterísticas estavam ou não sob o seu controlo. 83% dos inquiridos afirmaram que o insucesso do projeto resulta de caraterísticas que estão para além do seu poder, 11% admitiram que o insucesso do projeto se deve às suas próprias falhas, enquanto 6% não tinham a certeza de que as caraterísticas que resultam no insucesso do projeto estavam ao seu alcance.

3.2.4.7 Caraterísticas que contribuem para o sucesso do projeto

Os inquiridos foram questionados sobre as caraterísticas responsáveis pelo sucesso do projeto. 24% dos inquiridos disseram que o sucesso do projeto se deveu à disponibilidade de fundos, outros 24% mencionaram a competência da equipa, 15% disseram que houve uma boa comunicação entre uma das partes interessadas envolvidas no projeto e os beneficiários, 12% disseram que o projeto foi bem sucedido devido ao cumprimento da lei e 25% disseram que o empenho da equipa torna o projeto bem sucedido. Todas estas caraterísticas mencionadas são critérios de sucesso do projeto.

3.2.4.8 Gestores de projeto Modo de seleção

O modo de seleção do gestor de projeto é outro fator importante para esta investigação, tendo os entrevistados sido questionados sobre o modo de seleção do gestor de projeto. Foi perguntado aos inquiridos se o gestor de projeto era nomeado com base na qualificação, na competência, na posição/cargo e no favoritismo. 34% disseram que o gestor de projeto foi nomeado com base na qualificação, 22% disseram que o gestor de projeto foi nomeado com base na competência, 18% indicaram que foram nomeados com base na posição/cargo e os restantes 26% foram nomeados com base no favoritismo.

CAPÍTULO 4

4 INFLUÊNCIA TRANSCULTURAL NOS PROJECTOS

ANÁLISE

Foi efectuada uma análise exaustiva dos dados e informações recolhidos sobre a influência da cultura na gestão de projectos numa sociedade multicultural como a Nigéria.

4.1 Nível de tribalismo nas organizações e seu efeito na gestão de projectos O tribalismo desempenha um papel primordial no emprego e na segurança do emprego numa sociedade multicultural como a Nigéria. O grau em que o tribalismo desempenha um papel de liderança na gestão de projectos está a afetar a maioria dos projectos realizados na Nigéria. 59% dos inquiridos descreveram o nível de tribalismo na sua organização como extremamente elevado, enquanto 32% disseram que era médio e, finalmente, 9% disseram que o nível de tribalismo na sua organização era baixo. No entanto, os 9% que afirmaram que o nível de tribalismo é baixo estão a trabalhar numa organização privada, enquanto 18% afirmaram que era médio.

Além disso, os 73% restantes trabalham no sector público. A razão pela qual o nível de tribalismo no sector público era bastante elevado deve-se à polarização enraizada em Governo da Nigéria. Os governos que nomeiam os membros dos seus partidos para cargos de topo produzem sempre um ambiente de tribalismo.

4.1.1 Regras da organização que se dobram para satisfazer a si próprio e aos amigos

Considerando como é fastidioso para as pessoas, numa sociedade multicultural, obedecer aos procedimentos e normas estabelecidos no trabalho, especialmente quando são nomeadas em vez de recrutadas com base no mérito. Foi perguntado aos inquiridos até que ponto consideravam aceitável a inflexão das regras para se satisfazerem a si próprios ou aos seus amigos. A maioria (52%) dos inquiridos afirmou que o seu nível de inflexão das regras para se satisfazerem a si próprios, aos amigos e à família é elevado, enquanto 9% descreveram o seu nível de inflexão das regras como médio e 39% como muito baixo.

Foi detectado no sector público que a inflexão das regras para satisfazer os amigos, a família e a si próprios é bastante constante. A causa é a baixa remuneração e a ausência de auditor e as leis também não estão a ser aplicadas. No entanto, no sector privado, as leis são mal mas eficazmente aplicadas. A remuneração no sector privado é boa e a fidelidade ao cumprimento da lei não diminui de todo. A abordagem utilizada no sector privado é bastante simples: se violar a lei, é despedido. Isto controla rigorosamente a ocorrência de funcionários que infringem as regras para se satisfazerem a si próprios, à família e aos amigos.

4.2 Gestão de riscos e procedimentos de atenuação de riscos

Nos últimos anos, a Nigéria não conseguiu dar mais importância aos riscos durante a execução do projeto e esses riscos, que não foram devidamente controlados, contribuíram para o fracasso do projeto na Nigéria. A gestão dos riscos é uma das nove áreas de conhecimento do Project Management Institute (PMI). A Gestão de Riscos no Projeto de Tecnologias da Informação é uma forma ampla e ordenada de reconhecer, analisar e responder aos riscos para atingir os objectivos do projeto.

Os objectivos dos procedimentos de gestão dos riscos incluem o reconhecimento dos riscos, a melhoria dos processos de gestão dos projectos de TI e a utilização sistemática e eficaz dos recursos.

Embora o risco também possa ser entendido como um conjunto de circunstâncias que possibilitam o êxito de um projeto, o facto de a maior parte dos riscos ter historicamente resultados negativos fez com que as pessoas passassem a pensar apenas no impacto negativo do risco.

4.3 Aplicando a Metodologia de Risco PMI-PMBOK no Projeto da Nigéria

O Project Management Body of Knowledge (PMBOK) do Project Management Institute (PMI) é uma prática confirmada e geralmente aceite com cinco séries de melhorias. Identificar os riscos, análise qualitativa dos riscos, análise quantitativa dos riscos, planear as respostas aos riscos e controlar os riscos são as cinco etapas de melhorias do PMI.

Os três principais problemas que estão a causar os fracassos dos projectos na Nigéria são os problemas sociopolíticos e as exigências dos recursos do projeto, a doutrinação da cultura tradicional e da cultura organizacional e o conhecimento inadequado da gestão de projectos.

4.3.1 Identificar os riscos

- Utilizar a documentação preliminar, como a carta do projeto, os calendários, os orçamentos, o plano, etc.
- Incluir as pessoas certas que conhecem os riscos e sabem como geri-los.
- Utilizar o brainstorming, as técnicas Delphi, as entrevistas e a análise das

causas profundas

métodos.

4.3.2 Análise qualitativa dos riscos

- Analisar a probabilidade de risco e o impacto
- Calcular e classificar a pontuação de risco obtida

Analisar a probabilidade do risco e do impacto

- Probabilidade de risco
- Probabilidade de 0,9 ou superior considerada como certeza
- Impacto da ocorrência do risco (por exemplo, calendário, desempenho, custo,

etc.)

Calcular e classificar a pontuação de risco obtida

- Pontuação de risco = Pontuação de probabilidade **X** Pontuação de impacto
- Mostrar a importância dos riscos
- Classificação por pontuação para mostrar o risco alto e baixo

4.3.3 Análise quantitativa dos riscos

É utilizada para riscos importantes e é uma análise mais aprofundada dos riscos de prioridade máxima durante a atribuição de uma classificação numérica para calcular uma análise probabilística de um projeto.

Análise quantitativa:

- Apresenta uma proposta quantitativa para tirar conclusões em caso de incerteza.
- Gera custos, objectivos de âmbito ou calendário realistas e exequíveis.
- Quantifica o resultado final atingível para o projeto e estima a probabilidade de atingir os objectivos específicos do projeto.

4.3.4 Planeamento da resposta aos riscos

O planeamento da resposta ao risco é o processo de criação de alternativas e de decisão de acções para reduzir as ameaças e aumentar as oportunidades de alcançar os objectivos do projeto. Este processo contém o reconhecimento e a tarefa de indivíduos ou grupos que assumem a responsabilidade por cada resposta ao risco acordada. Este processo garante rigorosamente que os riscos identificados são abordados de forma correta ou satisfatória. A eficácia do planeamento das respostas determinará se o risco diminui ou aumenta para o projeto.

O planeamento da resposta ao risco tem de ser adequado ao facto de o risco ser grave, atempado para ser bem sucedido, ter um custo essencial para responder ao desafio, ser realista em relação ao contexto do projeto, ter a concordância de todas as partes envolvidas e ser realizado por uma pessoa responsável.

4.3.5 Riscos de controlo

Este é um processo contínuo ao longo de todo o projeto e é fundamental que o gestor do projeto identifique, analise e responda continuamente aos riscos.

- Reavaliar os riscos actuais e novos

- Análise de tendências e desvios
- Análise das reservas
- Auditorias

Project Management Institute - Project Management Body of Knowledge (PMBOK) a metodologia de risco só pode ser eficaz se os nigerianos adoptarem técnicas de gestão de projectos. A análise revelou que a maioria dos nigerianos se concentra mais nas ferramentas do que nas técnicas. O diagrama de Gantt é a ferramenta mais frequentemente utilizada, seguida da análise custo-benefício, da declaração de trabalho e da estrutura de repartição do trabalho (EAP). A maioria dos inquiridos afirmou que colocar toda a informação sobre o projeto nestas ferramentas é o verdadeiro significado da gestão de projectos. Isto mostra que as técnicas e ferramentas de gestão de projectos ainda não estão bem implementadas na Nigéria.

4.4 Mitigação do risco político

O mundo parece ser um lugar cada vez mais instável e arriscado para se viver, sobretudo em termos de problemas e riscos políticos. O risco político é definido como o risco de uma perda planeada, pessoal ou financeira para uma organização devido a caraterísticas não relacionadas com o mercado, como as políticas sociais, a instabilidade política e os problemas culturais.

4.4.1 Como ser cauteloso com o risco político

Proteger a reputação e a organização de diversos riscos políticos e, ao mesmo tempo, aumentar os seus resultados requer uma gestão atenta, especialmente num mercado em transição. O que é necessário para resolver estes problemas é um alinhamento de estratégias, ajuda de terceiros e instrumentos para reduzir estes riscos.

- Encontrar parceiros locais aceitáveis, tendo em conta e utilizando o ambiente social e económico local.
- Efetuar uma análise e um acompanhamento coerentes dos riscos políticos.
- Adoção de um seguro adequado contra riscos políticos.
- Descobrir e pôr em prática outras estratégias específicas por país

- Organizar as transacções para tirar partido dos tratados bilaterais de investimento.

4.4.2 Parceiros locais

Uma das estratégias para gerir o risco político e cultural na Nigéria consiste em compreender e integrar-se no ambiente local, social e económico. No entanto, não é uma tarefa fácil porque exige a análise da altitude, a recolha de informações, as posições e opiniões de todas as partes interessadas locais e a criação de uma boa relação com os organismos governamentais. As empresas estrangeiras que operam na Nigéria têm de encontrar um parceiro local adequado que seja capaz de trabalhar contra as acções políticas desfavoráveis que estão a ser tomadas e a utilização de sítios de redes sociais.

Investir no local, empregar e formar pessoal local e respeitar a cultura local e as tradições não são apenas uma vantagem para o funcionamento da empresa, mas também podem ser utilizadas contra a interferência política. Penso que se as pessoas virem a empresa como sua e a apoiarem no seu sucesso, é provável que as agências governamentais levantem obstáculos políticos a essa empresa.

A fim de encontrar o parceiro local correto, é necessário ter em consideração e efetuar as devidas diligências antes de contratar a pessoa. Porque uma pessoa com ligações políticas não é um parceiro adequado, uma vez que pode ficar em desvantagem quando o governo mudar.

4.5 Aplicação para calcular a probabilidade de risco e a competência do gestor de projeto.

A gestão do risco é um papel vital em todas as organizações, sejam elas do sector privado, do sector público ou de organizações não governamentais. As organizações gerem projectos cada vez mais complexos e determinados, e é essencial que esses projectos sejam realizados com sucesso, num ambiente instável e frequentemente inseguro.

Enquanto gestor responsável pela organização, é necessário ter conhecimento destes riscos. Isto não significa que, sempre que cada risco ocorra num projeto, seja necessário resolvê-lo. Mas, num ambiente desfavorável, isso pode ser muito dispendioso, tanto em termos de recursos como de tempo. O que todos os gestores responsáveis precisam é de priorizar os riscos e, se isto for gerido eficazmente, pode ser dada muita atenção aos riscos mais significativos.

A aplicação desenvolvida neste projeto ajudará e orientará todas as organizações a evitar riscos imprevistos dentro de uma organização que possam conduzir a riscos graves no futuro. A aplicação foi desenvolvida em C# e a sua estrutura baseia-se nas nove áreas de conhecimento do Project Management Body of Knowledge (PMBOK), nos cinco grupos de processos do Project Management Institute (PMI) e na tarefa

Cross-Cultural Differences.

A aplicação servirá como um teste de pré-entrevista para todos os gestores de projectos e membros de equipas de qualquer organização, seja ela do sector privado, do sector público ou de uma organização não governamental. Isto ajudará a minimizar o número de projectos adjudicados a empresas ou indivíduos incompetentes.

A aplicação é composta por 5 perguntas de cada etapa das Nove Áreas de Conhecimento do PMBOK, Cinco Grupos de Processos e perguntas gerais relacionadas com a gestão intercultural, formação académica do utilizador relacionada com a gestão de projectos. Cada resposta a uma pergunta tem um ponto e, quando o utilizador termina as perguntas, a aplicação calcula a probabilidade de risco e a classificação do utilizador em (Muito baixo, Baixo, Neutro, Bom e Muito bom).

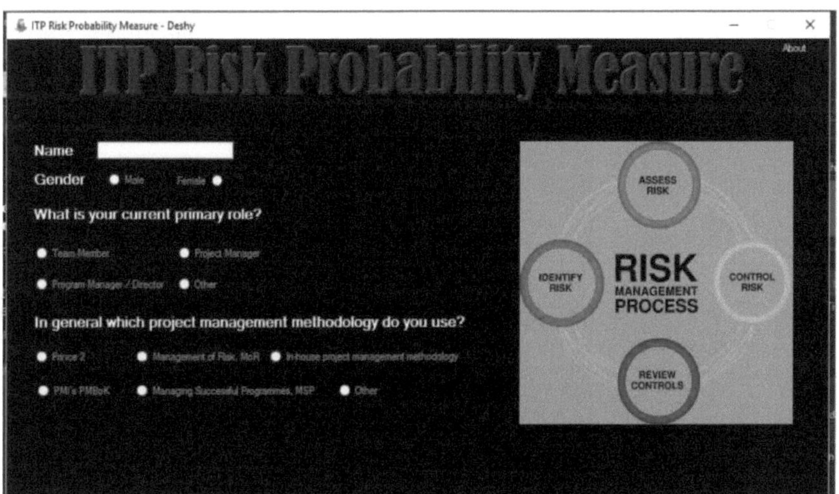

Figura 6: Medida de probabilidade de risco ITP

CAPÍTULO 5

5 CONCLUSÃO E SUGESTÕES

Esta investigação explorou o efeito da cultura na gestão de projectos de TI na Nigéria e as razões gerais pelas quais a maioria dos projectos fracassa. As causas apontadas são tão diversas como os aspectos e as origens dos entrevistados. 83% dos inquiridos afirmaram que os fracassos dos projectos na Nigéria resultam de caraterísticas que estão fora do seu alcance. Com a moral tão elevada na Nigéria para o sucesso do projeto e muito conscientes das técnicas de gestão de projectos e da forma como ajudam a executar um projeto com êxito, a maioria dos inquiridos não a considera a melhor solução até que os problemas culturais e sociopolíticos sejam eliminados de qualquer projeto na Nigéria. Além disso, a incapacidade dos membros da equipa de se manterem firmes em assuntos de interesses distintos e a intromissão da gestão de topo têm causado problemas substanciais a numerosas equipas de gestão de projectos na Nigéria.

As causas do insucesso de um projeto na Nigéria são numerosas, uma vez que os inquiridos afirmaram que não lhes era possível passar de um problema para outro devido ao facto de estes problemas estarem interligados. Uma análise intensa e cautelosa das caraterísticas que causam o insucesso dos projectos na Nigéria revelou uma teia que liga todos os problemas recolhidos junto dos inquiridos como sendo a principal razão pela qual as técnicas de gestão empresarial não foram implementadas da forma correta e pela qual o projeto fracassa lamentavelmente.

Esta teia que liga todos estes problemas chama-se **Cultura,** e o efeito das diferenças culturais na gestão empresarial na Nigéria é multifacetado. A investigação mostra claramente que a cultura da Nigéria tem, na sua maioria, um perfil de distância ao poder escandaloso. Os membros da equipa acreditam que o Gestor de Projeto e os Stakeholders devem dar ordens e não podem e, portanto, não têm qualquer papel notável na tomada de decisões. Na Nigéria, a maioria dos Gestores de Projeto não aceita as suas falhas e gosta que o projeto se atrase para aceitar que está errado pelas suas acções. Este é um problema de distância do poder.

Para que qualquer projeto seja bem sucedido, os membros da equipa devem ser capazes de questionar as decisões e procurar esclarecimentos; os membros da equipa devem funcionar eficientemente, trabalhar em grupo e colocar o interesse do projeto e da equipa a um nível mais elevado do que os seus interesses pessoais. No entanto, a investigação revelou que isto não existe no sistema nigeriano e que o interesse pessoal prevalece sobre o interesse cooperativo, o que resulta num conflito de interesses em muitas organizações. Por conseguinte, a aplicação de qualquer técnica de gestão de projectos será pouco exigente, porque um indivíduo não a aceitará enquanto não descobrir como a técnica o vai favorecer enquanto indivíduo. A maioria dos inquiridos acredita que, na medida em que a legislação laboral os protege e que nada afectará os seus salários, não há necessidade de se preocuparem muito com qualquer risco do projeto e esta é uma caraterística de uma cultura de evitamento de incertezas elevada, o que não é bom para a gestão de projectos.

Por último, é perfeitamente compreensível que o contraste cultural possa constituir um grave obstáculo à execução bem sucedida dos projectos na comunidade empresarial internacional multicultural dos dias de hoje. O gestor do projeto deve evitar problemas culturais e deve ser culturalmente cuidadoso e encorajar a inovação e a motivação através de uma gestão flexível, a fim de atingir os objectivos do projeto.

5.1 Sugestões para investigação futura

A investigação foi realizada de janeiro a julho de 2016 na Nigéria. A população da Nigéria é de mais de 170 milhões de habitantes e 51,08% são comprovadamente instruídos, de acordo com a Country Facts (Country Facts Compare, 2016), pelo que pode ser realizada uma investigação a longo prazo com uma plataforma de inquérito especial, a fim de chegar a mais pessoas nos sectores em causa.

REFERÊNCIAS

[1] Adepetun, A. (2016, 24 de fevereiro). *ZTE pronta para investigação da Câmara dos Representantes sobre contrato de CCTV de 470 milhões*. Toda a África: allafrica.com/stories/201602240834.html

[2] *Reunião do Grupo de Peritos Ad-Hoc sobre Gestão do Setor Público*. (2014, maio). Comissão Económica das Nações Unidas para África: repository.uneca.org

[3] Comparação dos Factos dos Países. (2016, 05 de agosto). *Factos sobre o país*. August 05, 2016 tarihinde

Encontrar os dados:http://country-facts.findthedata.com/compare/1-167/United-States-vs-Nigéria

[4] GABRIEL, C. (2014, 15 de novembro). *Cartões de eleitor permanentes, PVC: como a INEC falhou com os nigerianos*. Vanguard: http://www.vanguardngr.com/2014/11/permanent-voters-cards- pvchow-inec-failed-nigerians/

[5] Gbadebo, B. (2016, 26 de janeiro). *Como a Nigéria foi enganada num projeto de CCTV de 470 milhões de dólares*. Toda a África: allafrica.com/stories/201601260079.html

[6] Geert Hofstede. (2010). Culturas e Organizações. G. Hofstede icinde, Culturas *e Organizações : Software of the Mind* (s. 3ª Edição). New York: McGraw-Hill. O Centro Hofstede.

[7] Isine, I. (2014, 27 de junho). *Corrupção de alto nível abala projeto de CCTV de 470 milhões de dólares que poderia proteger Abuja*. Premium Times: http://www.premiumtimesng.com/news/163975-high- level-corruption-rocks-470million-cctv-project-secure-abuja.html

[8] Kulur, M. (2015, 24 de agosto). *60% dos projectos falham na Nigéria*. Vanguard: vanguardngr.com/2015/08/60-of-projects-fail-in-nigeria-unido

[9] O.I, B. W. (2008, 26 de fevereiro). *O efeito da Cultura Organizacional*. Eight to Late: eight2late.wordpress.com

[10] PMI. (2016, 1 de março). *Guia e padrões PMBOK*. Project Management Institute : www.pmi.org

[11] *CONFERÊNCIA PMI 2015*. (2015, 02 de setembro). PMI AFRICA CONFERENCE: pmiafricaconference.com/2015

[12] Princess, I. (2015, 20 de agosto). *Porque é que os projectos falham na Nigéria - Organização das Nações Unidas para o Desenvolvimento Industrial*. 20 de julho de 2016 The Sheet Nigeria: http://thesheet.ng/why- projects-fail-in-nigeria-united-nations-industrial-development-organisation/

[13] Anbari, F. T. (2003). Earned value project management method and extensions. Project Management Journal, 34 (4), 12-23

MIX
Papier aus verantwortungsvollen Quellen
Paper from responsible sources
FSC® C105338

Printed by Books on Demand GmbH, Norderstedt / Germany